VERS LE MARIAGE !

CE QU'UNE MAMAN DOIT ENSEIGNER A SA FILLE

Prix : 1 fr. 80

VERS LE MARIAGE

Ce qu'une Maman doit enseigner à sa Fille

Imp. des Arts Graphiques Modernes
Jarville-Nancy-Paris

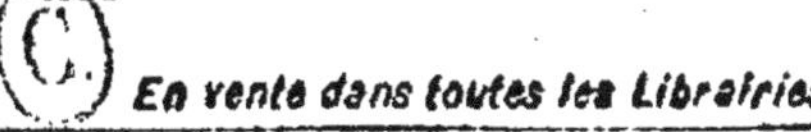

En vente dans toutes les Librairies,

I

LE MARIAGE

Les jeunes filles aspirent au mariage pour des causes individuelles, illusoires et diverses.

Souvent elles ont hâte d'échapper à la tutelle familiale, se persuadant qu'elles sauront éluder la loi du mari. Elles envient le privilège dévolu à la Femme Mariée d'aller et venir à son gré, où bon lui semble, sans être flanquée d'un chaperon par trop adhésif.

« Je pourrai, enfin, voir mes amies comme il me plaira et sortir quand il me chante ! » se dit la jeune captive.

Puis la Femme Mariée choisit ses robes elle-même et s'habille à son goût, et n'est plus fagotée à la mode précédente.

« Je pourrai, enfin, porter des robes trop courtes, des chapeaux trop grands et des souliers trop étroits ! » pense la jeune coquette que ses parents tenaient recluse dans le cachot ridicule du bon sens.

La Femme Mariée a le droit de tout lire ; de tout connaître ; de satisfaire tant de curiosités ; de s'émouvoir à la peinture de tant de passions; de s'initier à tant de mystères !

« Je pourrai, enfin, dévorer Mme de Noailles, tout à mon aise ! » — rêve la pensionnaire — ingénue, qui cache dans son corsage M. Paul Bourget.

La Femme Mariée développe l'intégrale séduction dont elle est capable et s'avance dans la voie triomphale des succès mondains, sans être gênée par l'excessive modestie qui entrave constamment la jeune fille bien élevée.

« Je pourrai, enfin, m'exercer à plaire, à mettre en valeur mes charmes juvéniles et faire tourner les têtes à moustaches ! » se murmure la Demoiselle, qui, dans sa timidité de commande, s'applique à ne pas même tourner les yeux.

Ainsi, pour beaucoup, la torche de l'Hymen est le flambeau de la liberté.

« Ah ! quand je serai mariée ...! » est le cri d'espérance qui vibre dans les prières matinales et vespérales de maintes célibataires, moins désireuses du mari que lasses des parents; peu préoccupées de ce que le mariage comporte de devoirs et de sacrifices, mais attirées par ce qu'il promet de satisfaction à leur plaisir, — à leur bon plaisir.

Il en est d'autres qui se marient pour posséder un mobilier aussi riche que celui de la sœur aînée qui mange sous les auspices d'Henri II, dort dans un souvenir de Louis XV et tient sa cour plénière dans la solennité d'un salon Louis XIV.

Adieu la petite chambre unique, aux chaises graciles, aux ornements enfantins : On sera « Madame » ; on aura son jour ; on recevra à son tour les pensionnaires ouvrant de grands yeux candidement jaloux ; les messieurs qui vous baisent la main cérémonieusement et les téméraires follement spirituels qui savent vous manquer si respectueusement de respect.

Et puis, songez qu'on sera reine au moins une fois par semaine ; on verra converger vers soi les hommages, les flatteries, les madrigaux ; on dirigera la causerie, on osera émettre son opinion ; contredire ; épiloguer, faire parade de son érudition récente ; énoncer un jugement qui sera un arrêt ; rendre des oracles et s'éblouir soi-même des feux d'un esprit qui fera briller les yeux de ses auditeurs comme un lustre fait étinceler les cristaux qui l'entourent.

D'autres encore se marient par dépit amoureux. Le joli blond ou le brun splendide qu'elles avaient compté atteler à leur char pour traverser l'existence s'est laissé brider par une autre — une intrigante, vous pensez bien — et la vindicative abandonnée — (qui n'est parfois même pas abandonnée) — se jure de prouver à ce monsieur qu'elle n'est pas si en peine qu'il le pourrait croire de trouver un adorateur, et qu'elle n'a qu'à se baisser pour cueillir un mari. Il faut que sa cérémonie soit célébrée le même jour que l'autre. — On ne choisit guère dans ce cas urgent et tant mieux, — ou tant pis, — pour celui qui est à portée de sa main ; elle la lui donnera même s'il ne songeait pas à la demander. Ah ! si elle pouvait se marier la première, l'honneur serait tout à fait satisfait !

Beaucoup ne se marient pas : on les marie.

Elles sont les éléments d'une combinaison dans laquelle leurs convenances propres n'entrent pour rien. Les parents ont leurs raisons que la raison de leur enfant n'a pas à comprendre — et bien moins à contester.

— « Ma fille, M. Ernest de Beau-Coudor nous convient sous tous les rapports (en effet ! c'est un gendre de rapport) tu l'épouseras le jour de Ste-Félicité, qui est la fête de ta vieille tante qu'il faut ménager et qui nous a recommandé ton futur...

— « Mais, maman !...

— Il n'y a pas de « mais, maman ! ». Une jeune fille comme il faut ne prend un époux que des mains de sa mère.

— Maman ! je n'aime pas M. Ernest de...

— Ma fille ! vous parlez comme une créature dévergontée, à moi qui vous ai si saintement élevée ! Rougissez en silence et rentrez dans le devoir. Le 10 juillet prochain vous serez Mme Ernest !...

— ... de Beau-Coudor ! — oui, maman...

Et quand, à la mairie, le magistrat lui demandera si elle consent à prendre le monsieur pour époux, elle pourra répondre, comme l'épigramme : « Ma foi, vous êtes le premier qui m'ayiez consultée ! ».

« Mais, dira judicieusement une lectrice : et les

hommes ? Pourquoi se marient-ils ? Voilà qui nous intéresserait davantage...

Les hommes ? Eh bien, ils se marient pour quelques-unes des mêmes raisons et pour mille autres qui ne sont pas meilleures.

Balzac en a donné l'alphabet :

« Un homme se marie :

par Ambition, cela est bien connu ;

par Bonté, pour arracher une fille à la tyrannie de sa mère ;

par Colère, pour deshériter des collatéraux ;

par Dédain d'une maîtresse infidèle ;

par Ennui de la délicieuse vie de garçon ;

par Folie, c'en est toujours une ;

par Gageure, c'est le cas de Lord Byron ;

par Honneur, comme Georges Dandin ;

par Intérêt, mais c'est presque toujours ainsi ;

par Jeunesse, au sortir du collège, en étourdi ;

par Laideur, en craignant de manquer de femme un jour ;

par Machiavélisme, pour hériter promptement d'une vieille ;

par Nécessité, pour donner un état à notre fils ;

par Obligation, la demoiselle ayant été faible ;

par Passion, pour s'en guérir plus sûrement ;

par Querelle, pour finir un procès ;

par Reconnaissance, c'est donner plus qu'on n'a reçu ;

par Sagesse, cela arrive encore aux doctrinaires ;

par Testament, quand un oncle mort vous grève son héritage d'une fille à épouser;

par Usage, à l'imitation de ses aïeux;

par Vieillesse, pour faire une fin.

(le X manque, et peut-être est-ce à cause de son peu d'emploi comme tête de mot qu'on l'a pris pour signe de l'inconnu).

par Yatidi, qui est l'heure de se coucher et en signifie tous les besoins chez les Turcs;

par Zèle, comme le Duc de Saint-Aignan, qui ne voulait pas commettre de péchés.

Nous ne trouvons pas de motifs supérieurs dans le camp des hommes : repassons de l'autre côté; de l'autre côté de la barricade.

* * *

Quelle que soit la cause qui a décidé la jeune fille à répondre « oui »; quelles que soient les différences qui se manifestent dans les origines de l'union et que celle-ci soit recherchée, acceptée ou subie, il est certain que toutes les épouses ont au moins une pensée commune, c'est de tirer le meilleur parti de l'aventure. Toutes se disent : « arrangeons-nous maintenant pour avoir dans cette existence nouvelle le plus de bonheur possible ».

Or, le bonheur ne s'improvise pas : il faut le préparer, le cuisiner; il faut surtout le conserver, ce qui est plus difficile que de le conquérir.

C'est une œuvre difficile à cause de l'inexpérience

de la femme et de l'expérience du mari; l'une ne connaissant pas assez la vie, l'autre la connaissant trop. Les choses ne s'arrangeront que si l'ignorante consent à apprendre et si le blasé consent à oublier.

Que chacun y mette du sien; que chacun fasse des concessions. Le mariage est une concession à perpétuité.

La femme ne doit pas demander au mariage plus qu'il ne peut donner et réclamer la réalisation immédiate et totale de ses illusions. Vouloir étendre le mari sur un idéal de Procuste, prétendre exécuter, sans amendement, le programme intégral des félicités qu'elle s'est promises, exiger la lune, même pendant la lune de miel; toute cette intransigeance d'enfant gâtée ou présomptueuse, plus commune qu'on le pense, a trop souvent compromis, dès le début, des unions qui auraient pu se maintenir dans un bonheur moyen et qui ont été altérées et même détruites par le déplorable entêtement féminin, dont la formule est : tout ou rien.

***

Sans doute, la femme n'est pas tenue à s'abandonner sous réserves et à céder dans toutes les circonstances. Il lui est dû de pouvoir résister en certaines occasions et de poursuivre ses droits légitimes, — mais il y a la manière.

***

Le mariage est une science — et de quelle importance, puisque d'elle dépend non seulement le sort des époux, mais même l'avenir de la Société qui a pris cette institution pour base de son organisation.

Par malheur, cette science n'est enseignée par personne à ceux qui en ont si grand besoin. » L'expérience s'en chargera » dit-on. Il sera trop tard.

« Le sort d'un ménage dépend de la première nuit » a écrit l'auteur de *la Physiologie du mariage.*

Mettons qu'il y ait quelque exagération dans cet aphorisme et que l'on puisse accorder un crédit de quelques mois, il n'en est pas moins vrai que c'est à l'époque liminaire des premiers échanges que se décide presque toujours la destinée des conjoints.

C'est donc à cette période inaugurale que la science du mariage est indispensable, et c'est à la donner antérieurement que devrait être consacré le principal effort de l'éducation.

Or, c'est tout le contraire qui se passe :

— Tout le contraire, parce que, non seulement on ne donne aux intéressés aucune notion de psychologie ou de physiologie conjugales qui les guideraient dans ce transport en commun vers le but de la vie, mais on apporte tous les soins imaginables à épaissir autour de l'esprit de la jeune fille une obscurité dangereuse où elle marchera en aveugle, exposée à toutes les embûches d'un chemin abondamment pourvu de fondrières, de chausse-trappes et de fils barbelés! Elle sera menée par le hasard des événements.

Au surplus, il n'y a pas de « hasard des événements ». Ce qui arrivera de néfaste après la cérémonie, ne sera pas une catastrophe imprévisible, mais la conséquence fatale de fautes commises inconsciemment par la femme ou le mari, et qu'ils auraient évitées s'ils avaient été mieux avertis.

« Si jeunesse savait !... » se contente de clamer le radotage des nations ! — mais, elle aurait dû savoir, cette jeunesse ! La société, ébranlée dans ses fondements par les lézardes de plus en plus nombreuses d'une institution sur laquelle elle s'est construite, n'aura qu'à battre sa coulpe, car c'est elle-même, par sa plus grande faute, par ses préjugés, sa courte vue, sa pruderie antinaturelle, son hypocrisie, qui a empêché que soit dit ce qu'il fallait dire à ceux à qui il fallait le dire.

Il est vraiment monstrueux qu'on en soit venu à ce point d'incohérence, qu'il n'y a plus qu'à se féliciter de la dépravation des pensionnats, des couvents et des collèges, sans quoi la femme ignorerait, — au moment d'en user, — absolument tout d'un fait et d'un régime qui doivent fonder ou détruire son bonheur.

Il en est ainsi pourtant, et la conviction obtuse de toutes les matrones bourgeoises, cagotes et autres éducatrices stupides — mais néanmoins honorables — est que la jeune fille serait déshonorée si elle n'ignorait pas, la veille du mariage, tout ce qu'il lui sera vitalement indispensable de connaître le lendemain.

Vous représentez-vous un notaire disant à son client : « Signez ce bail d'abord, vous le lirez après » ?

Ce n'est pas une étude purement spéculative que celle du mariage tel qu'il doit être considéré ; La procréation est la loi primordiale. L'unique préoccupation de la nature est la conservation de l'espèce.

A montrer combien cette loi est générale, impérieuse, et commune à tout ce qui vit ; fondre l'homme, ce détail, dans l'ensemble des êtres ; comparer son rôle à tous les autres et en faire ressortir l'identité enlèverait à l'enseignement du mariage ce qu'il a de scabreux, sur quoi louchent encore les plus intelligentes mamans.

L'homme se trouvera donc situé dans la foule à la place indistincte qui est la sienne, à côté des singes, des rongeurs et des chauve-souris. « Psychologiquement, il faudra le conférer très souvent avec les insectes, cette autre floraison merveilleuse de la vie. Quelle clarté alors ! que de lumières venant de tous les côtés. Cette coquetterie de la jeunesse, sa fuite devant le mâle, son retour, son jeu de oui et non, cette attitude incertaine qui semble si cruelle à l'amoureux, n'est-ce donc point particulier à la femelle de l'homme ? Nullement. Celimène est de toutes les espèces et des plus hétéroclites : elle est araignée et elle est taupe ; elle est moinelle et cantharide ; elle est grillonne et couleuvre...... La femelle attaquée par le mâle songe toujours à se dérober... la réserve de la vierge devant l'homme est d'une pudeur bien modérée si on la compare à la fuite éperdue de la jeune taupe ». (1)

(1) Remy de Gourmont.

Enlevez à l'amour son prestige de fruit défendu, replacez-le à son rang parmi les fonctions normales communes à tous, parlez-en comme de la faim, de la soif, de la digestion.

Accoutumez les jeunes filles à considérer l'amour humain comme « une des formes innombrables et peut-être pas la plus curieuse que revêt l'instinct universel de la reproduction » et vous aurez mieux servi la morale qu'en couvrant d'anathèmes, d'opprobre et de feuilles de vignes le petit Dieu endiablé qui a fait déjà dire tant de sottises.

Molière n'a-t-il pas dit :

« L'Homme est, je vous l'avoue, un méchant animal... »

« On retrouve en lui la plupart des aptitudes à l'état d'unité chez les animaux. Il n'est guère une de ses habitudes, une de ses vertus, un de ces vices (pour employer les mots usuels) qu'on ne constate ici ou là, chez un insecte, un oiseau ou un autre mammifère : la monogamie et l'adultère, sa conséquence ; la polygamie, la polyanderie, la lascivété, la paresse, l'activité, la cruauté, le courage, le dévouement, tout cela est commun chez les animaux...».

Si l'on se décidait à enseigner l'histoire naturelle complètement ; si dans l'histoire naturelle on étudiait l'homme comme la bête et la plante ; si l'on disait tout ce qui est ; en donnant à tout l'importance égale qui s'attache à tous les actes de la vie, on aurait mieux préparé « nos demoiselles » à l'état de mariage qu'en leur ordonnant de baisser les yeux, de se boucher les oreilles et de ne lire que la bibliothèque rose, la baronne Staaffe et M. de Fénelon.

Le modèle et le programme d'un tel enseignement se trouvent condensés dans un chapitre de *la Physique de l'Amour* (1), de ce parfait polygraphe que fut Remy de Gourmont :

***

« Quel est le but de la vie ? écrit-il. Le maintien de la vie.

« ... Née de la vie, la vie engendrera éternellement la vie. Elle le doit et elle le veut. Or, la vie est caractérisée sur la terre par l'existence d'individus groupés en espèces, c'est-à-dire, ayant le pouvoir, un mâle s'étant uni à une femelle, de reproduire leur semblable. Qu'il s'agisse de la conjugaison interne des protozoaires, de la fécondation hermaphrodite, de la copulation des insectes ou des mammifères, l'acte est le même : il est commun à tout ce qui vit et non pas seulement à l'animal, mais à la plante et peut-être aux minéraux limités par une forme constante. Entre tous les actes possibles, dans la possibilité que nous pouvons connaître ou imaginer, l'acte sexuel est donc le plus important de tous les actes. Sans lui, la vie s'arrêterait : mais il est absurde de supposer son absence, puisque, dans ce cas, c'est la pensée même qui disparait.

---

(1) *La Physique de l'Amour*, chez Georges Cres. - Paris.

« La révolte est inutile contre une nécessité si évidente. Nos délicatesses protestent vainement : l'homme et le plus dégoûtant de ses parasites sont des produits d'un identique mécanisme sexuel. Ce que nous avons jeté de fleurs sur l'amour peut le masquer comme un piège à fauves : toutes nos activités évoluent autour de ce précipice et y tombent les unes après les autres. Le but de la vie humaine est le maintien de la vie humaine.

« L'homme ne se soustrait qu'en apparence à cette obligation de nature. Il s'y soustrait comme individu et s'y soumet comme espèce. L'abus de la pensée, les préjugés religieux, les vices, stérilisent une partie de l'humanité ; mais cette réserve est de pur intérêt sociologique : qu'il soit chaste ou voluptueux, avare ou prodigue de sa chair, l'homme n'en est pas moins, en tout état, soumis à la tyrannie éternelle... ».

« Une jeune fille l'avoue naïvement, avant tout amour quand elle est saine. Elle veut se marier pour avoir des enfants. Cette formule si simple est la légende de la nature. Ce que l'animal poursuit, ce n'est pas sa propre vie, c'est la reproduction..... En principe, la seule occupation de l'être est de rénover, par l'acte sexuel, la forme dont il est revêtu. C'est pour cela qu'il mange, pour cela qu'il construit. Cet acte est si bien le but, unique et précis, qu'il constitue toute la vie d'un très grand nombre d'animaux, cependant merveilleusement complexes.

« L'Ephémère nait, le soir, s'accouple ; la femelle

pond pendant la nuit : tous deux sont morts au matin, sans même avoir vu le soleil. Ces petites bêtes sont si peu destinées à autre chose qu'à l'amour, qu'elles n'ont pas de bouche. Elles ne mangent, ni ne boivent. On les voit voleter en nuages au-dessus de l'eau, parmi les roseaux. Les mâles, bien plus nombreux que les femelles, font un multiple office et tombent épuisés. La pureté d'une telle vie s'admire chez beaucoup de papillons : ceux du ver à soie, lourds et gauches, battent des ailes un instant, quand ils naissent, puis s'accouplent et meurent. Le grand paon ou bombyx du chêne, bien plus gros, ne mange pas davantage : et nous le verrons cependant franchir des lieues de pays à la recherche de sa femelle. Il n'a qu'une trompe rudimentaire et un semblant d'appareil digestif. Ainsi une existence de deux ou trois jours s'écoule sans avoir donné naissance à aucun acte égoïste. La lutte pour la vie, fameux principe, est ici la lutte pour donner la vie, la lutte pour mourir, car s'ils peuvent vivre trois jours en quêtant les femelles, ils périssent dès que la fécondation est accomplie.

« Chez toutes les abeilles solitaires, scolies, maçonnes, sphex, bembex, antophores, les mâles premiers nés rôdent autour des nids attendant la naissance des femelles. Sitôt parues, elles sont prises et fécondées, connaissant ainsi, dans un même frisson, la lumière et l'amour. Les femelles osmies, autres abeilles, sont ardemment guettées par les mâles qui les happent et les chevauchent dès leur sortie du tube natal, — la tige creusée de la ronce, — s'envolent aussitôt avec elles dans l'air où s'achèvent les noces. Et cependant que le mâle va errer quelque temps avant de mourir, ivre de son œuvre, la femelle creuse avec fièvre la demeure de sa progéniture, la cloisonne, y entasse le miel des larves, pond, tourbillonne un instant et périt...

... Il y a une espèce de papillon, les palingenia, dont on n'a jamais vu la femelle. C'est qu'elle est fécondée avant même d'avoir pu se débarrasser de son corset de nymphe et qu'elle meurt, les yeux encore fermés, mère à la fois et poupon au maillot.

« Les moralistes aiment les abeilles dont ils tirent des exemples et des aphorismes. Elles nous conseillent le travail, l'ordre, l'économie, la prévoyance, l'obéissance et plusieurs autres vertus. Adonnez-vous au labeur, courageusement : la nature le veut. La nature veut tout. Elle est complaisante à toutes les activités et ne refuse aucune analogie à aucune de nos imaginations. Elle veut les constructions sociales de l'abeille : elle veut aussi la vie toute d'amour du grand paon, de l'osmie et du sitaris. Elle veut que les formes qu'elles a créées se conservent indéfiniment et pour cela tous les moyens lui sont bons. Mais si elle nous donne l'exemple laborieux de l'abeille, elle ne nous cache pas l'exemple polyandrique de la Mante et de ses cruelles amours.

« Il n'y a pas dans la volonté de vivre la moindre

trace de notre pauvre petite morale humaine. Si l'on veut une morale unique, c'est-à-dire un commandement universel, tel que toutes les espèces le puissent écouter, tel que, en fait, elles le suivent selon l'esprit et selon la lettre ; si l'on veut en d'autres termes, déterminer quel est le but de la vie et le devoir des êtres vivants, il faut évidemment trouver une formule qui totalise les contradictions, les brise et les transforme en une affirmation. Il n'y en a qu'une et on le répètera sans craindre et sans permettre aucune objection : le but de la vie est le maintien de la vie ».

Que les jeunes filles soient convaincues de cette volonté suprême de la nature qui subordonne tout à la nécessité de la reproduction ; et comprenant le devoir inéluctable, elles ne viendront plus au mariage avec cette futilité d'esprit que nous déplorions.

Constatant que le mariage n'est pas qu'une coutume, une libération, une vanité, une source de plaisirs mondains, les futures épouses seront mieux préparées aux obligations qui leur incombent.

Qu'elles soient averties du caractère sacré de leur union ; de l'influence indélébile des premiers contacts avec le premier époux, non par de simples affirmations dédaigneuses de preuves ; par des principes abstraits de morale appuyés sur la seule autorité maternelle; elles se feront une autre idée de la fidélité conjugale et seront mieux armées pour lutter contre les séductions du flirt et les surprises de l'adultère.

L'unité toujours plus étroite du couple, la perdurance de l'emprise maritale, les résultats persistants de la première étreinte établissent le véritable caractère de l'hymen. Qu'elles le sachent comme vérité prouvée et non comme suggestion arbitraire.

Michelet pose ainsi « le principe de la fécondation durable, élancée dans l'avenir ».

« M. Lucas (1), écrit le grand historien, réunit un assez grand nombre de faits qui prouvent que, du plus bas au plus haut de l'échelle vivante, des derniers insectes aux oiseaux, aux mammifères et jusqu'à l'espèce humaine, la fécondation s'étend bien au-delà du présent immédiat; que l'acte générateur ne donne pas un résultat unique, mais qu'il a des effets multiples, durables et souvent continués dans l'avenir.

« Le puceron est fécondé en une fois pour quarante générations ultérieures (Bonnet), d'autres réduisent ce nombre, mais sans nier le fait. La chenille est fécondée pour trois ou quatre générations (Bernouilli). L'abeille pour une année (Réaumur). La poule pour la couvée suivante (Harvey).

« Quant aux mammifères, les observations les plus précises sont dues aux habiles et persévérants éleveurs anglais. Le blason des chevaux de course, leurs mariages, leurs mésalliances, notées depuis deux cents ans dans leur livre d'or (Studbook), avec autant de soin qu'aucune généalogie royale, ont mis la science sur la voie. On a appris à voir, observer, expérimen-

(1) Le Docteur Lucas a publié sur l'*Hérédité* physique, deux volumes in-8°.

ter. On a vu que la jument arabe, qui eut (seulement une fois) un caprice pour un âne, ne donne plus que des ânes aux illustres amants qu'elle peut avoir plus tard (Ed. Home), du moins des enfants mêlés qui rappellent tristement, par le poil ou par la forme, que leur mère a dérogé. Nos éleveurs du Poitou savent cela parfaitement et y prennent garde (Magne).

« Il en est de même pour le chien ; le premier occupant influe plus que vingt qui peuvent suivre ; il marque leurs enfants de sa ressemblance (Stark, Burdach), observation d'ailleurs proverbiale chez nos paysans du midi. La laie, que le sanglier a surprise, reste ensauvagée et donne à ses paisibles successeurs des fils hérissés (Meckel). Cette loi, qui visiblement adjuge la femelle au premier amour et proteste contre ceux qui suivent, paraît être générale chez les animaux supérieurs.

« En est-il de même dans l'espèce humaine ? Analogue aux autres mammifères pour le progrès de l'œuf et la crise périodique (Journal des vétérinaires, 1846), le serait-elle aussi par le caractère durable de la fécondation ? Le premier amour, le premier enfant, détermineraient-ils l'avenir ? Et le père de cet enfant étend-il sa paternité à ceux que la femme aura d'un amant, d'un second mari ?

« Nul doute que chez nous, où l'âme, la volonté, intervient si puissamment dans les actes de la vie physique, la fatalité des lois générales n'ait à combattre des réactions de liberté, de passion individuelle, qu'on ne peut pas calculer.

« Cependant, les faits semblent témoigner que la nature communément résiste et donne un caractère durable à la fécondation première (Lucas, t. II, 60). Les anciens médecins: Fienus, Aldovrand, avaient remarqué que la femme adultère avait souvent, de l'amant, des enfants qui ressemblaient au mari. C'était de leur temps un adage : « Le fils de l'adultère excuse sa mère ». On supposait que la femme, dans cet acte furtif, avait pensé à celui dont elle avait peur, et que cette peur marquait son fruit des traits du mari, mais on ne peut donner cette explication pour les femelles des animaux; ce n'est pas la peur qui fait qu'elles reproduisent l'image du premier mâle dans les petits qu'elles ont du second et de ses successeurs.

« Du reste, nous avons vu des veuves, fécondes au premier mariage. avoir ensuite du second, et d'un mari très aimé, des enfants qui ressemblaient au premier mari, mort depuis longtemps et peu regretté. Ici, ni la crainte, ni l'amour, n'influait. C'était le résultat physique d'une modification de l'organisme. La première fécondation avait influé sur l'avenir à plusieurs années de distance et peut être pour la vie.

« S'il en était toujours ainsi, si la première fécondation modifiait la femme infailliblement pour toujours, l'adultère serait impossible (au moins pour les résultats). La possession du mari devenant ineffaçable, le seul trompé serait l'amant ».

Concluons :

C'est la nécessité de la conservation de l'espèce, qui impose le mariage pour des fins d'intérêt généra et non pour la satisfaction de plaisirs particuliers. La première union met comme un sceau infrangible sur la fécondité de la femme.

Donc, la jeune fille saura, par la connaissance de cette fatalité universelle, que le mariage est sa raison d'être, qu'il constitue son devoir le plus impératif et le plus catégorique et, en outre, que la fidélité est une obligation naturelle, puisque l'hérédité la maintient fidèle dans l'infidélité.

II

L'AMOUR

Si le mariage n'offrait à la femme que la perspective d'un devoir, il est fort probable que celle-ci le rechercherait peu et l'humanité risquerait de décroître rapidement, l'homme ne s'exaltant pas davantage à cette seule considération de philosophie générale.

C'est pour jeter l'homme et la femme dans les bras l'un de l'autre et assurer l'indispensable opération créatrice qu'intervient, tentateur invincible, l'amour ; — le désir, qu'on a si justement nommé « Le piège de la nature ».

Quand paraît l'amour, tout s'épanouit dans son rayonnement. Il se suffit à lui-même : il semble, avec évidence, être sa propre fin. Madame de Gasparin écrit dans ce sens : « Le but du mariage, c'est le mariage ; l'enfant n'est que le second ». Erreur certes, car autant dire : « Le but du repas est de satisfaire l'appétit ; nourrir n'est que le second », — mais erreur féconde.

Aimez pour aimer : — Qu'importe : le reste maintenant viendra par sucroît. Cet amour, d'allure si pleinement égoïste, sauve le monde. Mais c'est pourquoi aussi l'amour porte en soi le désir, — sans le désir, la nature en serait pour ses frais de piège.

L'amour sans désir est, proprement, une aberration. Qu'on se figure une flamme sans lumière, ni chaleur. L'amour platonique est une paire d'ailes qui ne s'attachent à aucun corps, — mais l'amour platonique n'est lui-même qu'un avant-piège, qui vous fait toujours choir dans le piège véritable et définitif.

Les poètes, les philosophes, les médecins, ont trop et depuis trop longtemps disserté sur l'amour, pour qu'il n'y ait pas vanité folle à prétendre en parler encore.

« Nil novi sub sole » (1) — Rien de nouveau sur l'amour.

De tant d'expilcations tentées, nous en retiendrons pourtant une : celle de Stendhal qui se trouve confir-

(1) Rien de nouveau sous le soleil.

mée scientifiquement par les observations récentes sur l'auto-suggestion.

L'amoureux crée lui-même son amour. C'est la théorie célèbre de la cristallisation. La voici :

« Il y a peut-être autant de façons de sentir parmi les hommes que de façons de voir ; mais ces différences dans la nomenclature ne changent rien aux raisonnements qui suivent. Tous les amours qu'on peut voir ici bas naissent, vivent et meurent, ou s'élèvent à l'immortalité suivant les mêmes lois.

Voici ce qui se passe dans l'âme :

1°) L'admiration;

2°) On se dit : « Quel plaisir de lui donner des baisers ; d'en recevoir ! etc » ;

3°) L'espérance ;

On étudie les perfections... ;

4°) L'amour est né.

« Aimer, c'est avoir du plaisir à voir, toucher, sentir par tous les sens et d'aussi près que possible un objet aimable et qui nous aime.

La première cristallisation commence.

« On se plaît à orner de mille perfections une femme de l'amour de laquelle on est sûr ; on se détaille tout son bonheur avec une complaisance infinie.

« Laissez travailler la tête d'un amant pendant vingt-quatre heures, et voici ce que vous trouverez :

« Aux mines de sel de Saltzbourg, on jette dans les profondeurs abandonnées de la mine, un rameau d'arbre effeuillé par l'hiver ; deux ou trois mois après, on le retire couvert de cristallisations brillantes. Les plus petites branches, celles qui ne sont pas plus grosses que la patte d'une mésange, sont garnies d'une infinité de diamants mobiles et éblouissants, on ne peut plus reconnaître le rameau primitif.

« Ce que j'appelle cristallisation, c'est l'opération de l'esprit qui tire de tout ce qui se présente la découverte que l'aimé a de nouvelles perfections...

« Ce phénomène, que je me permets d'appeler la *cristallisation*, vient de la nature qui nous commande d'avoir du plaisir et qui nous envoie le sang au cerveau; — du sentiment que les plaisirs augmentent avec les perfections de l'objet aimé et de l'idée : elle est à moi.

« Un homme passionné voit toutes les perfections dans ce qu'il aime. Cependant l'attention peut encore être distraite, car l'âme se rassasie de tout ce qui est uniforme, même du bonheur parfait ».

Voici ce qui survient pour fixer l'attention :

Le doute naît... L'amant arrive à douter du bonheur qu'il se promettait; il devient sévère sur les raisons qu'il a cru voir.

Il veut se rabattre sur les autres plaisirs de la vie, *il les trouve anéantis*. La crainte d'un affreux malheur le saisit et avec elle, l'attention profonde.

Alors commence la seconde cristallisation produisant pour diamants des confirmations à cette idée : Elle m'aime.

A chaque quart d'heure de la nuit qui suit la naissauce des doutes, après un moment de malheur affreux l'amant se dit : oui, elle m'aime ; et la cristallisation se tourne à découvrir de nouveaux charmes, puis le le doute à l'œil hagard s'empare de lui et l'arrête en sursaut. Sa poitrine oublie de respirer : il se dit : « Mais est-ce qu'elle m'aime ? » Au milieu de ces alternatives déchirantes et délicieuses, le pauvre amant sent vivement : Elle me donnerait des plaisirs qu'elle seule au monde peut me donner.

C'est l'évidence de cette vérité, c'est le chemin sur l'extrême bord d'un précipice affreux, et touchant de l'autre main le bonheur parfait qui donne tant de supériorité à la seconde cristallisation sur la première.

L'amant erre sans cesse entre ces trois idées :

1° Elle a toutes les perfections.

2° Elle m'aime.

3° Comment faire pour obtenir d'elle la plus grande preuve d'amour possible ?...

« .... Ce qui assure la durée de l'amour c'est la seconde cristallisation, pendant laquelle on voit à chaque instant qu'il s'agit d'être aimé ou de mourir. Comment, après cette conviction de toutes les minutes, tournée en habitude par plusieurs mois d'amour, pouvoir seulement soutenir la pensée de cesser d'aimer ?

« .... La cristallisation ne cesse presque jamais en amour. Voici son histoire : Tant qu'on est bien avec ce qu'on aime, il y a la cristallisation à *Solution imaginaire* ; ce n'est que par l'imagination que vous êtes sûr que telle perfection existe chez la femme que vous aimez. Après l'intimité, les craintes sans cesse renaissantes sont apaisées par des solutions plus réelles. Ainsi le bonheur n'est jamais uniforme que dans sa source. Chaque jour a une fleur différente... :

« ... Du moment qu'il aime, l'homme le plus sage ne voit aucun objet *tel qu'il est*. Il s'exagère en moins ses propres avantages et en plus les moindres faveurs de l'objet aimé. Les craintes et les espoirs prennent à l'instant quelque chose de *romanesque*. Il n'attribue plus rien au hasard ; il perd le sentiment de la probabilité : une chose imaginée est une chose existante pour l'objet de de son bonheur.... »

Quelle application ferez-vous à votre conduite, « ma belle demoiselle », de cette consultation de l'illustre écrivain ? Je ne vous en conseillerai qu'une mais qui me semble suffisante :

Cherchez à connaître les goûts, les idées, les désirs de celui que vous allez épouser de façon à lui faciliter cette auto-suggestion qui doit vous entourer de mille qualités brillantes. — Vous êtes le rameau de Salzbourg.

Il vous suffira d'abord de ne pas contrarier par un entêtement ou une imprudence la formation de ces cristaux éblouissants sous lesquels votre réalité disparaîtra ; il faudra ensuite ne pas détruire le prestige de beauté que vous devrez à l'imagination créatrice de votre amant.

Écoutez, pour une dernière fois Stendhal :

« Une fois la cristallisation commencée, l'on jouit

avec délices de chaque nouvelle beauté que l'on découvre dans ce qu'on aime.

« Mais qu'est-ce que la beauté ? — C'est une nouvelle aptitude à vous donner du plaisir...

La beauté que vous découvrez étant donc une nouvelle aptitude à vous donner du plaisir et les plaisirs variant comme les individus, la cristallisation formée dans la tête de chaque homme doit porter la *couleur* des plaisirs de cet homme.

La cristallisation de la maîtresse d'un homme, ou sa *Beauté* n'est autre chose que la collection de *toutes les satisfactions*, de tous les désirs qu'il a pu former successivement à son égard. »

Guidez-vous sur cette formule : Vos fiançailles feront naître de nombreux désirs chez votre « futur » ; ce sera votre beauté. Pendant le mariage, appliquez-vous à les entretenir. Votre adresse consistera à savoir les satisfaire dans la limite où la satiété ne les menacera pas de mort ; et à leur résister dans la limite où le dépit, le découragement, la privation ne risqueront pas de briser le frêle rameau de Salzbourg.

Diplomatie difficile et redoutable, si la femme n'était dosée par le diable de toute l'intelligence nécessaire pour la comprendre et de toute la finesse indispensable pour la pratiquer.

III

LE MÉNAGE

La jeune femme disposera sa salle à manger, son salon, si elle en a un, sa cuisine, son grenier, sa cave, comme elle l'entendra ; cela n'a pas très grande importance. — Mais la chambre à coucher, voilà qui est grave !

C'est le nid ; c'est le sanctuaire : c'est le refuge, ce doit être l'asile de la solitude, le coin secret.

Tenez votre chambre à l'abri des curiosités, des indiscrétions, des enquêtes sournoises que ne manqueront pas de mener vos amis et des tentatives d'invasions que se permetteront quelques fats.

« Il faut à l'amour pour s'épanouir entièrement la sécurité de l'isolement ; il y a aussi une pudeur des choses qui est respectable. » C'est sur ce théâtre que vous allez jouer le drame de votre vie ; pièce à deux personnages dont vous devez être les seuls auteurs, les seuls acteurs et le seul public. — N'ouvrez la salle, même en dehors des représentations à aucun étranger, à aucun « conseilleur. » — Supprimez les rôles des confidents.

Vous n'avez besoin ni de régisseur, ni de souffleur. —Cependant vous pouvez consulter sur l'aménagement de la scène, avant l'ouverture de la saison.

Un avis généralement exprimé est de situer la chambre à coucher à l'extrémité de l'appartement. Excellent conseil si les architectes dressaient leurs plans sur des données psychologiques, — et si les orientations étaient toujours les mêmes : Il faudra souvent dans les conditions actuelles, se résigner à une autre disposition.

Il suffit dailleurs que la pièce soit isolée et libre de toute servitude de passage pour fournir l'intimité désirée.

Ce qui importe aussi dans le choix de cette chambre c'est son exposition qui doit lui permettre de recevoir le plus de soleil et d'air pur ;

Enfin elle doit communiquer avec le cabinet de toilette.

Pour le mobilier, le luxe est inutile ; le confortable est essentiel. Il comprendra obligatoirement un divan pour les demi-repos et un tapis épais couvrant tout le parquet pour les allées et venues des pieds nus.

Ayez un double éclairage, l'un éclatant, l'autre voilé, ou réglez votre éclairage unique de façon à pouvoir s'allumer et s'éteindre depuis le lit.

Il est superflu de décrire les besoins ou les commodités qui dictent ces dispositions, elles s'expliquent suffisamment d'elles-mêmes.

*
* *

Et maintenant, *le lit* !

Il pose un problème sur lequel les opinions sont

partagées et dont la solution doit avoir, pourtant une si grosse influence sur la vie commune.

Le célèbre auteur de la *Physiologie du mariage* traite ainsi ce sujet délicat :

« Nous ne reconnaissons que trois manières d'organiser un lit (dans le sens général donné à ce mot) chez les nations civilisées....

Ces trois manières sont :

1° *Les deux lits jumeaux*

2° *Deux chambres séparées*

3° *Un seul et même lit.*

« .... Le principe le plus incontestable en cette matière est que *le lit a été inventé pour dormir.*

« Il serait facile de prouver que l'usage de coucher ensemble ne s'est établi que fort tard entre les époux, par rapport à l'ancienneté du mariage.

« Par quels syllogismes l'homme est-il arrivé à mettre à la mode une pratique si fatale au bonheur, à la santé, au plaisir, à l'amour-propre même ?...

« Si vous saviez qu'un de vos rivaux a trouvé le moyen de vous exposer à la vue de celle qui vous est chère, dans une situation où vous étiez souverainement ridicule : par exemple pendant que vous aviez la bouche de travers comme celle d'un masque de théâtre, ou pendant que vos lèvres éloquentes, semblables au bec en cuivre d'une fontaine avare, distillaient goutte à goutte une eau pure, vous le poignarderiez peut-être. Ce rival est le sommeil. Existe-t-il au monde un homme qui sache bien comment il est et ce qu'il fait quand il dort ?

« Cadavres vivants, nous sommes la proie d'une puissance inconnue qui s'empare de nous malgré nous et se manifeste par les effets les plus bizarres : les uns ont le sommeil spirituel, les autres un sommeil stupide.

« Il y a des gens qui reposent la bouche ouverte de la manière la plus niaise...

« Il en est d'autres qui ronflent à faire trembler les planchers....

« Assurément le premier qui s'avisa, par l'inspiration du diable, de ne pas quitter sa femme même pendant le sommeil, devait savoir dormir en perfection. Maintenant, vous n'oublierez pas de compter au nombre des sciences qu'il faut posséder avant d'entrer en ménage, l'art de dormir avec élégance. Aussi émettons-nous les deux aphorismes suivants :

« Un mari doit avoir le sommeil aussi léger que celui d'un dogue afin de ne jamais se laisser voir endormi.

« Un homme doit s'habituer dès son enfance à coucher tête nue.....

« Il résulte de ces observations préliminaires qu'il n'est pas naturel de se trouver deux sous la couronne d'un lit :

« Qu'un homme est presque toujours ridicule endormi.

« Qu'enfin la cohabitation constante présente pour les maris des dangers inévitables.

Nous allons donc essayer d'accommoder nos usages

aux lois de la nature et de combiner la nature et les usages de manière à faire trouver à un époux un utile auxiliaire et des moyens de défense dans l'acajou de son lit.

1° Les deux Lits jumeaux.

« Si le plus brillant, le mieux fait, le plus spirituel des maris veut se voir minotauriser au bout d'un an de ménage, il y parviendra facilement s'il a l'imprudence de réunir deux lits sous le dôme voluptueux d'une même alcove....

« Auteur inconnu de cette jésuitique méthode, qui que tu sois, au nom du Diable. Salut et fraternité. Tu as été la cause de bien des malheurs. Ton œuvre porte le caractère de toutes les demi-mesures : elle ne satisfait à rien et participe aux inconvénients des deux autres partis sans en donner les bénéfices.....

« Paraître sublime ou grotesque, voilà l'alternative à laquelle nous avons réduit un désir.

« Partagé, notre amour est sublime, mais couchez dans deux lits jumeaux et le vôtre sera toujours grotesque. Les contre-sens auxquels cette demi-séparation donne lieu peuvent se réduire à deux situations, qui vont nous révéler les causes de bien des malheurs.

« Vers minuit, une jeune femme met ses papillottes en baillant. J'ignore si sa mélancolie provient d'une migraine près de fondre sur la droite ou sur la gauche de sa cervelle, ou si elle est dans un de ces moments d'ennuis pendant lesquels nous voyons tout en noir ; mais à l'examiner se coiffant de nuit avec négligence, à la regarder levant languissamment la jambe pour la dépouiller de sa jarretière, il me semble évident qu'elle aimerait mieux se noyer que de ne pas retremper sa vie décolorée dans un sommeil réparateur. Elle est en cet instant sous je ne sais quel degré du pôle nord, au Spitzberg ou au Groënland...

« Comment débarquer dans cette Laponie ? Je vous fais jeune, beau, plein d'esprit, séduisant. Comment franchirez-vous le détroit qui sépare le Groënland de l'Italie ? L'espace qui se trouve entre le paradis et l'enfer n'est pas plus immense que la ligne qui empêche vos deux lits de n'en faire qu'un seul ; car votre femme est froide et vous êtes livrée à toute l'ardeur d'un désir. N'y eut-il que l'action technique d'enjamber d'un lit à un autre ce mouvement place un mari coiffé d'un madras dans la situation la plus disgracieuse du monde... Ne fussiez-vous qu'une seconde à entrer dans les possessions de votre femme, le *Devoir*, cette divinité du mariage, a le temps de lui apparaître dans toute sa laideur.

« Aux yeux de toute femme, même de sa femme légitime, plus un homme est passionné dans cette circonstance, plus on le trouve bouffon. Il est odieux quand il ordonne ; il est minotaurisé s'il abuse de sa puissance...

« Qu'une femme cède ou ne cède pas, les deux lits jumeaux mettent dans le mariage quelque chose de si brusque, de si clair, que la femme la plus chaste et le mari le plus spirituel arrivent à l'impudeur.

« Aussi ne vous laissez jamais séduire par la fausse bonhomie des lits jumeaux.

« C'est l'invention la plus sotte, la plus perfide, et la plus dangereuse. Honte et anathème à qui l'imagina.

2° Des Chambres séparées.

« Il n'existe pas en Europe cent maris par nation qui possèdent assez bien la science du mariage ou de la vie, si l'on veut, pour pouvoir habiter un appartement séparé de celui de leurs femmes.

« Deux époux qui habitent des appartements séparés ont, ou divorcé, ou su trouver le bonheur. Ils s'exècrent ou ils s'adorent.

« Dans la situation où nous avons supposé que se trouvait un ménage, l'homme assez imprudent pour coucher loin de sa femme ne mériterait même pas de pitié pour un malheur qu'il aurait appelé....

« Tous les hommes ne sont pas assez puissants pour entreprendre d'habiter un appartement séparé de celui de leurs femmes ; tandis que tous les hommes peuvent se tirer tant bien que mal des difficultés qui existent à ne faire qu'un seul lit.

3° D'un seul et même Lit.

« ... Nos observations sur les lits jumeaux ont dû apprendre aux maris qu'ils sont en quelque sorte obligés d'être toujours montés au degré de chaleur qui régit l'harmonieuse organisation de leurs femmes : or il nous semble que cette parfaite égalité de sensation doit s'établir assez naturellement sous la blanche égide qui les couvre de son lin protecteur, et c'est déjà un immense avantage.

« En effet rien n'est plus facile, que de vérifier, à toute heure, le degré d'amour et d'expansion auquel une femme arrive quand le même oreiller reçoit les têtes des deux époux....

« Mais la plus grande erreur que puissent commettre les hommes est de croire que l'amour ne réside que dans les moments fugitifs qui, selon la magnifique expression de Bossuet, ressemblent dans notre vie à des clous semés sur une muraille : ils paraissent nombreux à l'œil ; mais qu'on les rassemble ils tiendront dans la main.

« L'amour se passe presque toujours en conversations. Il n'y a qu'une seule chose d'inépuisable chez un amant, c'est la bonté, la grâce et la délicatesse... Tout sentir, tout deviner, tout prévenir, faire des reproches sans affliger la tendresse; désarmer un présent de tout orgueil; doubler le prix d'un procédé par des formes ingénieuses ; mettre la flatterie dans les actions et non en paroles ; se faire entendre plutôt que de saisir vivement ; toucher sans frapper ; mettre de la caresse dans les regards et jusque dans le son de sa voix; ne jamais embarrasser ; amuser sans offenser le goût; toujours chatouiller le cœur, parler à l'amie... Voilà tout ce que les femmes demandent, elles abandonneront les bénéfices de toutes les nuits de Messaline pour vivre avec un être qui leur prodiguera les caresses d'âme dont elles sont si friandes et qui ne coûtent rien aux hommes, si ce n'est un peu d'attention.

« Ces lignes renferment la plus grande partie des secrets du lit nuptial...

« Avoir un truchement fidèle qui traduise avec une *vérité* profonde les sentiments d'une femme ; la rendre l'espion d'elle-même, se tenir à la hauteur de sa température en amour ; ne pas la quitter, pouvoir écouter son sommeil, éviter tous les contre-sens qui perdent tant de mariages, sont les raisons qui doivent faire triompher le lit unique sur les deux autres modes d'organiser la couche nuptiale. »

* * *

Michelet qui touche à l'amour avec des mains pieuses, n'est pas brutal comme Balzac et, tourne autour de la question, mais son opinion n'est pas douteuse et les lignes suivantes sont suffisamment révélatrices de sa préférence pour le lit unique.

« L'amour crée l'amour et l'augmente. Le secret pour aimer beaucoup, c'est de s'occuper beaucoup l'un de l'autre, de vivre beaucoup ensemble, au plus près et le plus qu'on peut.

« Eh ! quoi ! Si l'on s'ennuie, ce sera le contraire ; on se prendra en haine ». Oui, si l'alternative de la solitude et du monde, si la vie trouble, oisive et coupée de contrastes, empêche l'âme de prendre son assiette ; mais non, si l'existence une, simple, entre l'amour et le travail, exclut les vaines distractions, et de plus en plus se resserre dans cette communion constante : Penser, vivre, l'un par l'autre.

« Dans la vieille Zurich, quand des époux brouillés venaient demander le divorce, le magistrat ne les écoutait pas. Avant de décider, il les enfermait pour trois jours dans une chambre unique à un lit avec une table, une assiette et un verre. On leur passait la nourriture sans les voir et sans leur parler. En sortant, au bout de trois jours, pas un ne voulait le divorce.

« La seule distribution de nos appartements modernes suffit pour empêcher l'union. Cette multitude de petites pièces divise le ménage, rompt la famille, isole les époux. En revanche, la superposition des étages, dans ces grandes casernes malsaines où nous nous entassons, nous met à chaque instant dans le contact des étrangers.

« Monsieur travaille à part, Madame travaillera à part, on causera de futilités avec des femmes peu sûres. Il faut pour l'un cabinet de travail ; boudoir pour l'autre, mot significatif ; deux chambres à coucher, de sorte qu'on puisse à toute heure, s'ignorer et s'éviter, se défendre au besoin. A peine la salle à manger et le salon réunit un moment ; mais les visiteurs, les convives, occupent et font diversion ; on est dispensé de se parler et presque de se voir. Je conseille aux époux de mettre prudemment des verrous à leurs chambres respectives, pour s'assurer l'un contre l'autre.

Pourquoi rétablir le divorce ? Un tel mariage vaut autant. Cet appartement là suffit.

« Eh ! quand on aime, comment ne pas envier le logis du menuisier mon voisin, qui n'a en tout qu'une chambre ?.... » — Et qu'un lit évidemment.

Et maintenant si nous sollicitions l'opinion d'une femme ?

Mme la baronne d'Orchamps dans un livre (1) bourré de conseils et de recettes et auquel nous ferons quelques emprunts résume et tranche la question comme suit :

« Il arrive presque toujours que la méthode du *lit unique* est adoptée, dès le principe de la vie conjugale, par les époux enthousiastes. C'est encore l'époux seul qui impose ici sa méthode, car Dieu sait si nous sommes muettes et si notre pudeur est réservée sur tout ce qui touche à l'organisation initiale de notre home intime !

« Le lit unique bien dégagé, dans la chambre largement aérée, a toujours recueilli chez nous la majorité des suffrages.

« Il facilite assurément la continuité de la vie amoureuse. N'a-t-il pas pourtant l'inconvénient d'imposer d'une façon permanente, des familiarités gênantes souvent pour l'un et pour l'autre ?

« A chacune de se prononcer.

---

(1) *Tous les Secrets de la Femme*, par la baronne d'Orchamps ; Bibliothèque des Auteurs modernes. - Paris.

« On a beaucoup vanté la supériorité des *lits jumeaux* dont la mobilité permet les intimes rapprochements et n'enlève rien à la fréquence des contacts, tandis qu'elle assure à chacun des époux l'intégralité de son repos et la tranquillité de son sommeil.

« Les chambres séparées entretiennent sans doute entre les époux la curiosité amoureuse. Elles ont toutefois le désagrément d'entretenir aussi entre eux une sorte d'éloignement moral qui est comme une restriction à la plénitude de leur possession respective.

« Certes *les deux chambres séparées* sont une mode aristocratique. Représentez-vous un instant la femme de chambre venant vous dire :

— Monsieur s'informe si Madame peut le recevoir. C'est tout à fait princier, mais précisément, pour cette raison même c'est tout à fait redoutable.

« J'hésite beaucoup à vous donner mon sentiment. Le lit commun nous prive de mille sollicitations flatteuses en dépouillant le désir de l'époux de toute cérémonie et en remplaçant souvent les paroles par les gestes qui vont de la simple caresse à la prise de corps autorisée.

« La communauté du lit nous rend donc plus faciles à posséder et plus souvent possédées.

« D'autre part les méthodes de séparation rendent plus redoutables nos dissentiments. Elles risquent de faire durer nos petites querelles. L'amour propre s'y met trop facilement en jeu de part et d'autre.

« Réflexion faite je suis pour le grand lit, le lit immense et bas, dans lequel chacun peut s'isoler, bouder, taquiner et aussi rapprocher à loisir son oreiller de l'oreiller voisin pour perpétuer, dans la douce unité du repos, la carrière des confidences, des voluptés et des pardons. »

*
* *

Ainsi trois auteurs de talent, d'observation et d'expérience se plaçant à des points de vue différents, car Balzac ne se préoccupe que de l'homme et Michelet que de la femme, aboutissent à la même recommandation : Le *lit unique.*

Mais tout se transforme dans la vie, et la règle adoptée au début du mariage peut réclamer des amendements dans la suite. Les époux se connaîtront alors suffisamment pour juger ce qui leur sera préférable et les autres systèmes de cohabitation reprendront peut-être fréquemment l'avantage sur le lit unique, qui est indiqué surtout aux jeunes mariés.

« Autant, dit encore Balzac, cette méthode (celle des lits jumeaux) est pernicieuse aux jeunes époux autant elle est salutaire et convenable pour ceux qui atteignent à la vingtième année de leur mariage. Le mari et la femme font alors bien plus commodément les duos que nécessitent leurs catarrhes respectifs. Ce sera quelquefois à la plainte que leur arrachent soit un rhumatisme, soit une goutte opiniâtre ou même à la demande d'une prise de tabac qu'ils pourront devoir les laborieux bienfaits d'une nuit animée par un reflet de leurs premières amours, — si toutefois la toux n'est pas inexorable. »

***

Le *Cabinet de toilette*, avons-nous dit, doit être contigu à la chambre à coucher. Comme elle, il sera fermé aux profanes, — et, à certaines heures, au mari lui-même.

Les préparatifs et les soins intimes seront soustraits à la vue de l'époux. Leur spectacle ne pouvant dans la plupart des cas, que nuire à l'impression de beauté qu'ils préparent.

Clair, aéré et d'une température agréable, le cabinet de toilette doit être d'une parfaite et constante propreté, dans son ensemble, dans ses détails et jusque dans ses plus menus objets.

Que nulle négligence et nulle paresse ne soit tolérées dans son entretien qui sera journalier. Il n'est aucune transaction possible, sous quelque prétexte que ce soit, avec cette obligation fondamentale.

Le mari et la femme, en raison de l'exiguité de nos appartements modernes seront presque toujours obligés de partager ce local ; que chacun d'eux l'occupe à son tour et que la femme s'y réserve des périodes de complet isolement.

C'est une règle qu'il sera facile d'établir à l'origine et dont l'homme comprendra tout de suite la nécessité.

En règle générale, que la jeune femme ne diminue

jamais son charme, sous prétexte « qu'on n'est qu'entre soi ». Si elle se montre en négligé inélégant, si elle s'enlaidit, — ou seulement se désembellit — si elle entrouvre elle-même la porte aux déceptions esthétiques, elle risque de faire à l'influence qu'elle doit garder sur les désirs de son mari, une de ces blessures qui semblent d'abord insignifiantes, puis qui lentement s'envéniment.

On ne se doute pas des effets désastreux et disproportionnés des malencontreux bigoudis.

La toilette de nuit est une bien plus grave affaire et plus grosse de conséquences que la toilette de jour ; pourtant Dieu et la couturière savent qu'elle place celle-ci a prise dans les soucis féminins.

*
* *

La *Salle à manger* et le *Salon* seront aisément administrés par la jeune maîtresse de maison qui déjà s'est acquittée de cet office chez ses parents. Elle y mettra seulement son goût personnel et surtout celui de son mari.

Elle rendra son intérieur plaisant, moins par la richesse et l'encombrement des meubles que par le choix judicieux des objets qui seront simples et pratiques.

Nous lui conseillons résolument d'asseoir son jugement, quand elle fera son choix, sur la sincérité et sur la logique ; de fuir le faux, le trompe l'œil, le postiche, le simili, le toc.

Que son mobilier soit loyal, moderne, sans tricherie sans snobisme, sans vanité.

Que la jeune Française du XXe siècle, si passionnément attachée dans son costume à la dernière production ; qui pousserait des cris de révolte si on lui imposait la robe de sa grand'mère veuille bien porter cette ardeur à se meubler comme elle s'habille.

Qu'elle renonce à s'entourer des imitations mercantiles, des anciennes chaises, des anciens lits.

Elle ne s'éclaire plus avec des chandelles ; elle fait sa cuisine au gaz ; elle couche sur des sommiers élastiques ; elle ne monte plus dans la chaise à porteur, mais prend le taxi, le tram, le métro et le chemin de fer.

Si elle est éprise de la tradition française, qu'elle se rappelle qu'on ne suit réellement cette tradition qu'en ne l'interrompant pas.

Certains affectent de ne voir dans les efforts de nos artistes contemporains que le « saccage ignorant et barbare de l'ornement traditionnel européen et français » (1).

Une vaillante Revue, « *Le Petit Messager* » (2) réplique justement :

« Qu'est-ce que l'ornement traditionnel européen et français ? » Qu'entend-on au juste par ces styles français seuls dignes de faire figure aujourd'hui et

(1) *L'Action française*, Octobre 1919.
(2) *Le Petit Messager des Arts et des Artistes*, 38, rue de Turin. Paris (hebdomadaire).

demain et que les tenants du postiche invoquent sans cesse ?

« Que l'on nous dise si l'art français n'a pas été au moyen-âge florissant, à nul autre pareil, parceque libre, sortant de notre sol même, inspiré par la nature et vivifié par la technique ?

« Que l'on nous dise si la renaissance sur le mode antique lui a insufflé une vie nouvelle ou si elle ne l'a pas proprement amoindri, si ce n'est tué ?

« Si la mise en formules, à notre usage, d'un art romain de convention, lui a été salutaire et si elle a été féconde à un point de vue quelconque ?

« Si le génier national n'a pas dû se rétrécir, et se courber pour se plier aux enseignements d'un Vignole, et si nos artistes du XVIIIe siècle, par exemple, n'ont pas notamment cherché à faire éclater ce lit de Procuste en introduisant sur les architectures à la mode des cinq ordres les arabesques inspirées à leur génie par notre véritable tradition ?

« Si l'art doit se cristalliser en formules immuables et se répéter constamment et si le pastiche, qui apparaît comme l'espoir sauveur des adversaires de l'art décoratif moderne n'a pas influé de la façon la plus déplorable sur notre esprit d'invention, notre traditionnelle habileté et notre goût ? »

Donc, ô jeune mariée, soyez jeune ! soyez de votre temps qui, malgré les anathèmes, — d'ailleurs répétés de siècle en siècle, — vaut bien le temps passé, et qui, en tous cas, a cette supériorité incontestable d'être celui où vous vivez.

Vous choisirez une salle à manger aux tables et bahuts solides et commodes ; bien équilibrés et bien construits, ce qui constitue la beauté. Si la colonnade est remplacée par une courbe élégante, si les motifs de sculpture plaquée sont remplacés par des panneaux pleins presque unis ; si les gibiers et les oiseaux sont remplacés par un discret motif floral ne croyez pas que vous aurez un ensemble moins artistique que celui de la Charbonnière du premier, votre riche voisine, qui se prélasse dans un faux Henri II qu'elle a payé très cher à quelque mercanti, au « traditionnalisme » roublard, qui en rit encore.

Pour l'ornement de vos murs, soyez discrète. Peu d'œuvres d'art, mais belles, bien isolées ; quelques toiles mises en valeur par des cadres appropriés (choix difficile !) Ne transformez pas votre salon en arrière boutique de marchand d'antiquités.

L'éclairage diurne sera répandu largement, donnez au soleil ses grandes entrées : il est le purificateur céleste et généreux. Modérez jusqu'au minimun les larges tentures et les rideaux épais, afin de laisser l'air circuler librement et pour ne pas collectionner les microbes. Qu'on n'inscrive pas sur la porte de votre appartement « *Pulvis es...* » tu n'es que poussière. Des stores légers, des mousselines transparentes vous protégeront contre les ardeurs de l'été.

L'éclairage nocturne peut être distribué à votre

fantaisie, suivant votre préférence, par des lumières éclatantes ou atténuées et suivant la solidité ou la fragilité de votre vue.

L'électricité pour la salle à manger et les lumières tamisées pour le salon rencontrent de nombreux partisans.

***

Le chauffage est moins facile à organiser que l'éclairage parceque la construction de l'appartement à laquelle on ne peut rien changer en commande la distribution et souvent la nature.

Si vous n'avez pas le chauffage central, installez de préférence à tout autre, le chauffage au bois par poêle de faïence. Il répandra la plus douce, la plus saine et la plus rayonnante chaleur.

Pour les autres procédés prenez soin surtout d'assurer l'aération et d'éviter toute stagnation de gaz si fréquemment cause d'accidents. N'installez jamais de fourneaux à feu continu, ou des fourneaux à gaz sans les raccorder à la cheminée par un tuyau afin d'établir une issue vers l'air extérieur.

Les cheminées ridiculement étroites que nous octroient les constructeurs des maisons de rapport ne se prêtent pas à des feux suffisants ; une bûche orpheline y pleure sur deux lamentables chenets, et le peu de calorique qu'elle dégage s'enfuit par la hotte et gagne le toit.

Chauffez la salle à manger, largement ; le salon

moyennement ; la chambre à coucher, pas du tout. Dans le cabinet de toilette, un minuscule radiateur à gaz suffira à donner rapidement la tiédeur désirée.

*
* *

Pour assurer l'hygiène de l'appartement tenez-le propre constamment : rigoureusement propre. Point de paresse, de flaneries ni de concessions sur ce chapitre. Nettoyez par le vide, nettoyez par le balais, lavez, désinfectez, ventilez, frottez, employez les antiseptiques, le sublimé, l'acide borique, l'acide phénique, l'acide thymique, le sulfate de zinc, le sulfate de cuivre ou tout autre ingrédient qu'il vous plaira, mais que tout soit propre autour de vous.

Vous pourrez combiner la purification avec l'embaumement en brûlant certains produits tels que le papier d'arménie ou les pastilles du sérail.

« Je vous recommande toutes les pastilles formées d'herbes aromatiques sèches, telle que la sauge, le romarin, la lavande, l'hysope, etc. Réduisez ces herbes en poudre. Délayez les dans du vinaigre très fort et mettez sur une pelle chauffée au rouge. Leur fumée tonique et balsamique à la fois, assainira une chambre de malade et le parfum qui s'en dégage persistera pendant plusieurs jours.

Vous pouvez composer des pastilles odorantes très agréables en pulvérisant :

Benjoin........................ 90 grammes.
Zestes d'oranges secs.......... 5 —
Feuilles de roses rouges........ 6 —

Ambre gris	5 grammes.	
Bois de santal rouge	6	—
Sucre	15	—

Ajoutez à cette poudre le mucilage de la gomme dans l'eau de rose ou dans l'eau de fleur d'oranger.

Découpez en pastilles la pâte ainsi formée que vous ferez sécher à petit feu....

« Quelques gouttes d'essence de bergamote ou de benjoin sur la pelle rougie répandent un excellent parfum, suffisamment pénétrant pour faire disparaître toute odeur désagréable.

L'écorce d'orange brûlée sur la pelle rougie est également un excellent désinfectant (1).

*
* *

Les soins du corps vont nous retenir aussi quelques instants.

Ce n'est pas tout d'avoir conquis un mari, il faut le garder, — garder son amour et son désir.

La femme pour y réussir ne doit rien dégliger de ce qui la rendra sans cesse belle et désirable. Elle apportera aux soins corporels une attention minutieuse; et complira méthodiquement ces travaux de consolid tion du bonheur conjugal.

Au surplus, le souci seul de la santé le commanderai.

'agent essentiel de la toilette c'est l'eau. Usez des

(1 Baronne d'Orchamps *(loc. cit.)*.

bains, fréquemment, accoutumez-vous à l'emploi quotidien du tube.

Prenez l'eau chaude le matin afin de poursuivre plus aisément la purification complète des moindres replis de votre chair ; prenez l'eau froide le soir afin de donner à votre chair la fraîcheur et la fermeté. Vous trouverez par surcroît, grâce à ce calmant, le repos d'un sommeil profond.

Procédez d'abord au lavage des mains, puis vous passerez seulement après au visage, aux épaules et aux seins.

Pour le visage employez l'eau tiède, légèrement parfumée ou de l'eau que vous faites bouillir et dans laquelle vous plongerez une pochette de gaze contenant une poignée de sons.

Soyez d'une avarice sordide dans l'emploi des fards et des cosmétiques et restreignez l'usage de la poudre de riz.

Lotionnez vos yeux méticuleusement et régulièrement avec de l'eau pure de tout mélange, et ne les frottez pas au réveil. Ne frottez pas notamment votre œil si quelque corps étranger s'y est introduit. Essayez de le faire expulser par la paupière même que vous ouvrez et fermez rapidement ; mouvement qui suffit souvent ou bien appelez les larmes à votre secours. Il vous suffira de clore l'œil sain avec votre main pendant que vous fixerez un point lumineux avec l'œil malade, bientôt celui-ci pleurera et les larmes emporteront l'intrus.

Quant au nez, la civilité puérile et honnête vous a appris qu'il n'était pas convenable d'y fourrer le doigt. L'hygiène vous fera la même recommandation. Respectez le léger duvet protecteur de la muqueuse. Aspirez du menthol pulvérisé si vous êtes en proie à cette irritation que nous nommons en France, si bizarrement ; le rhume de cerveau.

Les oreilles sont fragiles, à l'intérieur tout au moins, ne les curez jamais avec un objet dur. Très contre-indiqué « le petit bout de bois dans les oneilles » du *Père Hubu.* Servez-vous tout simplement de votre petit doigt enveloppé d'un linge fin ; c'est la raison qui lui a fait décerner le nom d'auriculaire.

Les dents sont un miroir qui reflète l'éclair du sourire. Votre santé autant que votre grâce vous imposent de tenir vos dents toujours saines et radieuses. Rincez les et brossez les après chaque repas et ne vous avisez jamais d'y porter la lime. Evitez la succession immédiate des liquides chauds et froids; enfin si vous constatez la persistance d'un tartre opiniâtre, ou la moindre menace de carie, surtout enfin si vous souffrez, n'hésitez pas à vous rendre chez le dentiste qui n'est pas forcément un dispensateur de tortures et sera toujours, en tous cas, le bourru bienfaisant.

La chevelure est une des plus essentielles beautés féminines, et cependant une des plus mal traitées.

Cette fois encore nous substituons la plume de la baronne d'Orchamps à la nôtre, en nous excusant d'emprunts peut être trop fréquents ; mais notre lectrice y gagnera tellement et notre anonymat supprime si complètement toute vanité d'auteur, que nous n'éprouvons aucune hésitation.

« Dès le lever, dénouez votre chevelure pour l'*aérer*.

« Préservez la du contact de l'eau des lotions qui servent à la toilette du corps.

« C'est avec le *démêloir*, le *rateau* et la *brosse* seuls que vous devez manipuler les cheveux avant de leur donner aucun autre soin.

« Séparez les ensuite au démêloir ordinaire et brossez les de nouveau. Peignez les à l'aide du rateau qui a l'avantage de ne pas s'arrêter dans les mèches trop embrouillées.

« Passez les ensuite au démêloir ordinaire et brossez les de nouveau avec une brosse assez dure, pour pénétrer jusqu'au cuir chevelu. Détachez les pellicules et enlevez la poussière.

« Brossez durant un quart d'heure au moins. C'est cette opération qui, seule, donne aux cheveux leur éclat et leur souplesse.

« Reprenez alors le démêloir et imprimez aux touffes la disposition de coiffure qui vous convient.

« En vous couchant, enlevez les épingles et les peignes qui retiennent l'édifice de vos cheveux.

« Secouez votre chevelure, aérez la, peignez la doucement et brossez la aussi longuement que possible.

« Procédez alors à la coiffure de la nuit qui ne doit jamais manquer d'être élégante sans, toutefois, compromettre la vitalité et le repos des cheveux. Retenez les nattes au moyen d'un gracieux ruban que vous assortirez aux ornements de votre toilette de nuit.

« Il est imprudent de laisser flotter les cheveux qui s'embrouillent sur l'oreiller, se cassent et tombent rapidement.

« Ne mettez jamais, le soir, aucun parfum ni cosmétique sur votre chevelure. Evitez surtout l'application d'aucun mélange destiné à conserver les cheveux qui contiendrait quelque élément pernicieux tel que le sublimé ou la cantharide.

« L'élégance et l'hygiène de la chevelure nous fait une loi de ne jamais faire usage de *bigoudis* pendant la nuit.

« Ne frisez jamais vos cheveux au fer. Ne les crépez pas avec le peigne, vous risqueriez de les casser de les dessécher et de leur enlever tout leur brillant. Si vous les attachez avec un cordon, ne le prenez jamais en laine et ne les serrez pas.

« Rien ne ternit les cheveux comme la poussière et la fumée.

« Employez le moins possible le peigne fin qui brise les cheveux faibles et les entraîne avec lui.

« Il arrive souvent aux personnes qui font usage du peigne fin de s'imaginer lorsqu'elles font leur toilette, qu'elles sont plus ou moins atteintes d'alopécie, puisque le peigne entraîne à chacun de ses voyages, un certain nombre de cheveux.

« C'est le peigne seul qui, dans ce cas, est responsable de la chute des cheveux.

« Adoptez le démêloir aux dents écartées et de préférence le démêloir en écaille. Le celluloïd, aux dents moins nettes, brise les cheveux. Le métal les noircit et abîme le cuir chevelu. « A défaut d'écaille, c'est l'ivoire qu'il faut préférer. »

— Il est superflu de donner des conseils sur l'architecture de sa coiffure à une jeune femme qui est depuis longtemps fixée sur celle qui lui convient le mieux. « Autant de têtes, autant d'avis » comme dit l'adage latin.

Soyez donc coiffée comme il vous plaira, en haut, en long, en large, en rond, — mais soyez coiffée !

Ne présentez pas à votre mari une tignasse ébouriffée, aux mèches en désordre, qui vous affligerait d'un aspect désavantageux non sans danger pour votre avenir.

Soyez coiffée : c'est capital, — sans jeu de mot.

Enfin ne négligez pas vos mains plus que vos joues, car toutes deux appellent le même baiser et ne méconnaissez pas la puissance de volupté d'un beau pied nu.

IV

LA LOI

Portalis définit ainsi le mariage :

« C'est la société de l'homme et de la femme qui s'unissent pour perpétuer leur espèce, pour s'aider par des secours mutuels à porter le poids de la vie et pour partager leur commune destinée. »

*
* *

Des Qualités et des Conditions requises pour pouvoir contracter mariage.

Pour que cette société privée soit reconnue et protégée par la société générale, c'est-à-dire par la loi, il est nécessaire que certaines qualités et conditions soient existantes.

Ces qualités et conditions sont : 1° La différence des sexes ; 2° l'âge ; 3° Le consentement des contractants ; 4° Le consentement des ascendants ou de la famille ; 5° L'absence d'empêchements ; 6° La célébration publique du mariage par l'officier de l'état civil compétent.

Le mariage ne peut être contracté qu'entre deux personnes appartenant l'une au sexe masculin et l'autre au sexe féminin et son existence est subordonnée à la double condition que le sexe de chacun des époux soit reconnaissable et diffère de celui de l'autre conjoint.

« Mais dit le célèbre juriconsulte Merlin : Si un individu, soit par l'effet d'un accident, soit par un égarement de la nature est privé de l'organe sans lequel on ne peut être un homme, n'y aura-t-il pas erreur dans sa personne ? En réalité le prétendu mari a perdu la qualité d'homme, il n'y a pas d'homme, il n'y a pas de mariage. »

C'était admis jadis, même par l'Eglise ; mais aujourd'hui on n'est plus d'accord.

Pothier dont les travaux ont préparé le code civil, disait : « La procréation des enfants est la fin principale du mariage, il faut, pour être capable de se marier, avoir au moins le pouvoir de parvenir à cette union des corps » — c'était la bonne et saine logique de nos aïeux, mais Napoléon, moraliste après fortune faite, répondit la main sur le cœur, dans sa pose classique : « Le mariage est l'union des âmes ! »

« L'homme avant 18 ans révolus, la femme avant 15 ans révolus ne peuvent contracter mariage ».

Le code ne chante pas comme le petit Duc : On a l'âge du mariage quand on a l'âge de l'amour ». C'était pourtant le refrain des anciens qui fixaient l'âge de 14 ans pour les hommes et de 12 ans pour les filles. Ce fut longtemps aussi le nôtre : en 1792 la limite était encore de 15 et 13 ans.

Des raisons tout à fait étrangères à la physiologie ont dans la question de l'impuissance et dans la question de l'âge, séparé la loi de la nature.

Il n'y a pas de mariage quand il n'y a pas de consentement ; mais il n'y a pas que le consentement des époux qui est nécessaire, il y a aussi celui des ascendants. Sur ce point nous voyons la loi adoucir sa rigueur en faveur de ceux qui veulent se marier. L'ancien art. 148 du code civil, disait : « Le fils qui n'a pas atteint l'âge de 25 *ans* accomplis, la fille qui n'a pas atteint l'âge de 21 ans accomplis ne peuvent contracter mariage sans le consentement de leurs père et mère... »

La loi du 21 juin 1907 a ramené à 21 ans, le délai imparti au fils.

D'autre part l'art. 151 prescrivant que : « Les enfants de famille ayant atteint la majorité fixée par l'art. 148 sont tenus, avant de contracter mariage, de demander par acte respectueux et formel, le conseil de leur père et de leur mère *ou celui de leurs aïeuls et aïeules.* » Le nouvel art. 151 n'exige plus le consentement des aïeuls et aïeules.

En outre les actes respectueux devaient être notifiés par deux notaires ou par un notaire et deux témoins, depuis 1907, il suffit d'un notaire instrumentant sans le concours d'un deuxième notaire ni de témoins.

***

DES EMPÊCHEMENTS ET DES OPPOSITIONS AU MARIAGE.

Les empêchements au mariage résultent :

1° De la parenté ou de l'alliance; 2° d'un mariage préexistant ; 3° du délai de viduité (art. 228) ; La jeune femme ne peut contracter un nouveau mariage qu'après dix mois révolus depuis la dissolution du mariage précédent ; 4° du divorce ; 5° du service militaire.

La loi accorde à certaines personnes le droit de former opposition au mariage ; ce qui veut dire qu'elles peuvent faire défense par acte d'huissier à l'office public de célébrer le mariage.

Peuvent former opposition : 1° La personne engagée par mariage avec l'une des parties contractantes ; 2° Les ascendants ; 3° Certains collatéraux à défaut d'ascendants (dans le cas de non consentement du conseil de famille, requis par l'article 160 pour le mineur de de 21 ans ignorant le lieu de décès ou domicile de ceux de ses ascendants dont le consentement est nécessaire et dans le cas de démence du futur époux).

L'acte d'opposition doit énoncer la qualité qui

donne à l'opposant le droit de la former ; contenir élection de domicile dans le lieu où le mariage a été célébré, enfin, à moins qu'il ne soit fait à la requête d'un ascendant, contenir les motifs de l'opposition.

L'opposition peut être rejetée par le tribunal de première instance qui doit se prononcer dans les dix jours sur la demande de mainlevée (s'il y a appel, il est statué dans les dix jours de la citation).

Comme les oppositions pourraient être soulevées méchamment, l'art. 179 décide que si l'opposition est rejetée, les opposants, autres que les ascendants, peuvent être condamnés à des dommages-intérêts.

*
* *

DES DEMANDES EN NULLITÉ DE MARIAGE.

Un mariage ne peut être annulé que lorsque la loi prononce expressément la nullité et la nullité ne peut être demandée que par les personnes à qui la loi accorcorderait ce droit.

Les causes de nullité sont : Le vice de consentement des époux, le défaut de consentement des ascendants ou de la famille dans le cas où le consentement est nécessaire ; l'impuberté ; la bigamie, l'inceste, la clandestinité (mariage qui n'a jamais été contracté publiquement) et l'incompétence de l'officier de l'état civil.

Quand la nullité résulte de l'âge, de la bigamie, de

l'inceste, de la clandestinité. Les demandes en nullité peuvent être intentées, suivant les cas, soit par les époux eux-mêmes, soit par ceux qui y ont intérêt, soit par le ministère public.

Le mariage annulé ne produit aucun effet comme tel, sauf quand il y a mariage putatif, c'est-à-dire quand, de bonne foi, les époux ont pu se croire régulièrement mariés.

Le mariage putatif produit tous les effets que produirait un mariage légal dont la dissolution aurait lieu à partir du jugement qui en prononce l'annulation ; il produit donc tous ses effets au profit des enfants.

***

Des Formalités relatives a l'Acte et a la Célébration du Mariage.

Avant la célébration du mariage, l'officier de l'état civil doit faire une publication (il en fallait deux avant 1907) par voie d'affiche apposée à la porte de la maison commune. L'affiche prévue doit rester apposée à la porte de la maison commune pendant dix jours, lesquels devront comprendre deux dimanches. Le mariage ne pourra être célébré avant le 10e jour depuis et non compris celui de la publication.

Le mariage est célébré dans la commune où l'un des époux aura son domicile *ou sa résidence* (adjonction de la loi du 21 juin 1907) établie au moins par *un mois* d'habitation continue à la date de la publication prévue par la loi. (L'ancien art. 74 disait : « Ce domicile quant au mariage, s'établira par 6 *mois* d'habitation continue dans la même commune ».

L'acte de mariage doit énoncer : 1° Les prénoms, noms, professions, âges, lieux de naissance et domiciles des époux ; 2° S'ils sont majeurs ou mineurs, 3° Les prénoms, noms, professions et domiciles des pères et mères ; 4° Le consentement des pères et mères ; aïeuls, et aïeules et celui du conseil de famille dans le cas où ils sont requis; 5° La notification de l'acte respectueux s'il y a lieu, 6° Les oppositions s'il y en a ; leur mainlevée ou la mention qu'il n'y a pas eu d'opposition ; 7° La déclaration des contractants de se prendre pour époux, et le prononcé de leur union par l'officier public; 8° Les prénoms, noms, âges, professions et domiciles des témoins et leur déclaration s'ils sont parents ou alliés des parties, de quel côté et à quel degré ; 9° La déclaration faite sur l'interpellation de l'officier de l'état civil, qu'il a été ou qu'il n'a pas été fait de contrat de mariage et autant que possible, la date du contrat, s'il existe, ainsi que les noms et lieu de résidence du notaire qui l'aura reçu.

Il est fait mention de la célébration du mariage en marge de l'acte de naissance des époux.

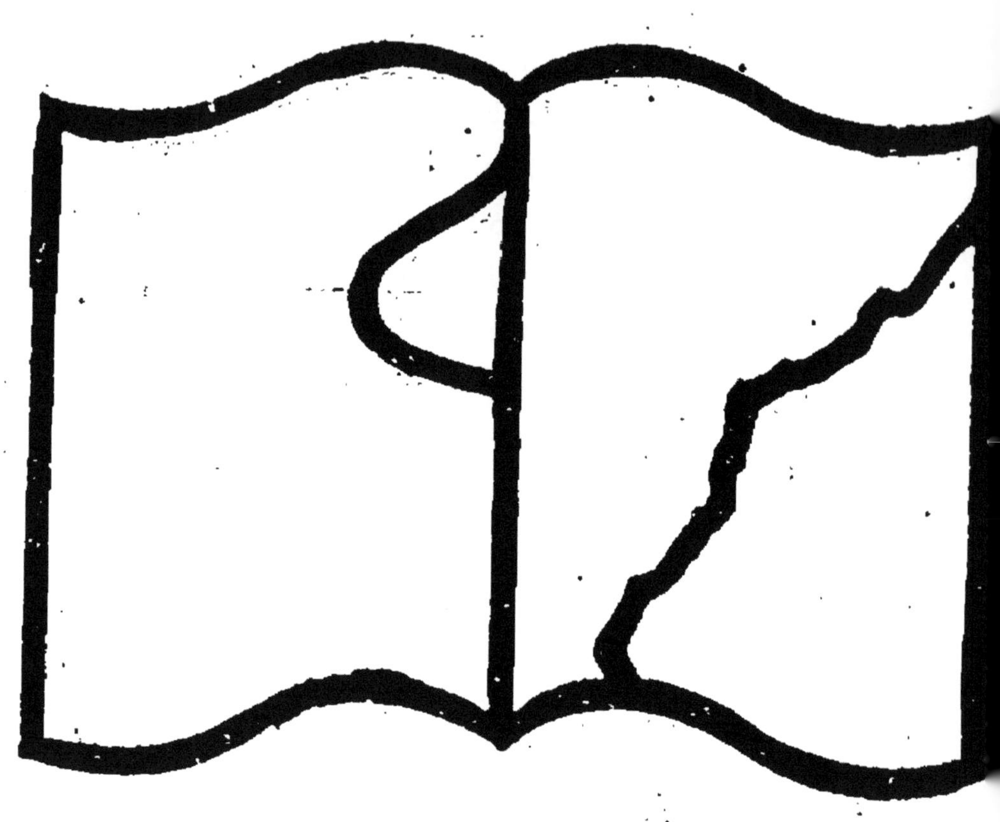

Texte détérioré — reliure défectueuse

NF Z 43-120-11

***

Des Obligations qui naissent du Mariage.

Les obligations qui naissent du mariage sont : 1° L'obligation de nourrir, entretenir et élever les enfants.

Cette obligation incombe à chacun des époux ; la femme a donc le droit de réclamer au mari sa part dans tous les frais d'entretien et d'éducation des enfants mineurs.

Mais l'enfant n'a pas d'action contre les père et mère pour obtenir une dot.

2° L'obligation alimentaire. — Les enfants doivent des aliments à leurs père et mère ou autres ascendants qui sont dans le besoin. La pension alimentaire comprend la nourriture, le vêtement et le logement. Cette dette est due; par l'un des conjoints à l'autre; — par les enfants à leurs père et mère et autres ascendants dans le besoin ; — par les gendres et belles-filles à leurs beau-père et belle-mère. — Ces obligations sont réciproques.

Celui qui réclame les aliments doit se trouver dans l'impossibilité de pourvoir lui-même à sa subsistance ; et l'obligation cesse quand cesse le besoin qui la faisait naître ou quand les facultés de celui qui doit les aliments ne lui permettent plus de la remplir.

* * *

DES DROITS ET DES DEVOIRS RESPECTIFS DES ÉPOUX.

En se mariant la femme tombe sous la puissance du mari à qui elle doit obéissance ; le mari, en échange doit protection à sa femme ; tous deux se doivent fidélité.

La femme est obligée d'habiter avec le mari et le suivre partout où il juge à propos de résider. Le mari est obligé de la recevoir. — Ce « *partout* » est atténué par la jurisprudence qui protège la dignité de la femme.

La femme est frappée d'incapacité pour les actes juridiques. Elle ne peut les accomplir sans l'autorisation du mari (sauf pour les actes conservatoires). Mais si le mari refuse son autorisation sans motif plausible, la femme peut le faire citer directement devant le tribunal de première instance du domicile commun.

Elle ne peut ester en jugement sans l'autorisation maritale, c'est-à-dire elle ne peut plaider ni comme demanderesse, ni comme défenderesse, — et si elle doit plaider contre son mari il lui faut l'autorisation du tribunal.

La femme mariée ne peut être marchand[illegible] qu'avec l'assentiment du mari : Cette règle e[illegible] à l'exercice de toute autre profession. Ainsi [illegible] ne pourra être professeur, ni domestique, ni [illegible] de commerce, ni actrice, ni passer les examens de sage-femme sans cette autorisation à laquelle l'a rivée la loi de l'homme.

Mais l'autorisation une fois fournie la femme, marchande publique, peut s'obliger pour ce qui concerne son négoce, et au dit cas, elle oblige aussi son mari, s'il y a communauté entre eux.

Le mari ne peut prétendre exercer un contrôle sur l'exercice de la profession qu'il a autorisée ; de plus la loi du 13 juillet 1907 donne à la femme la libre disposition de ses salaires; elle a donc quant à sa profession une indépendance plus grande qu'autrefois et assez complète.

***

De la Dissolution du Mariage.

Le mariage se dissout : 1° Par la mort d'un des époux; 2° par le divorce légalement prononcé.

Nous n'avons pas à entretenir du divorce la jeune fille, au seuil de son mariage; cela regardera plus tard son avoué si cette fâcheuse éventualité doit se produire Nous ne lui parlerons pas non plus du *Contrat de mariage* qui, dans nos mœurs, est l'affaire des parents et notaires.

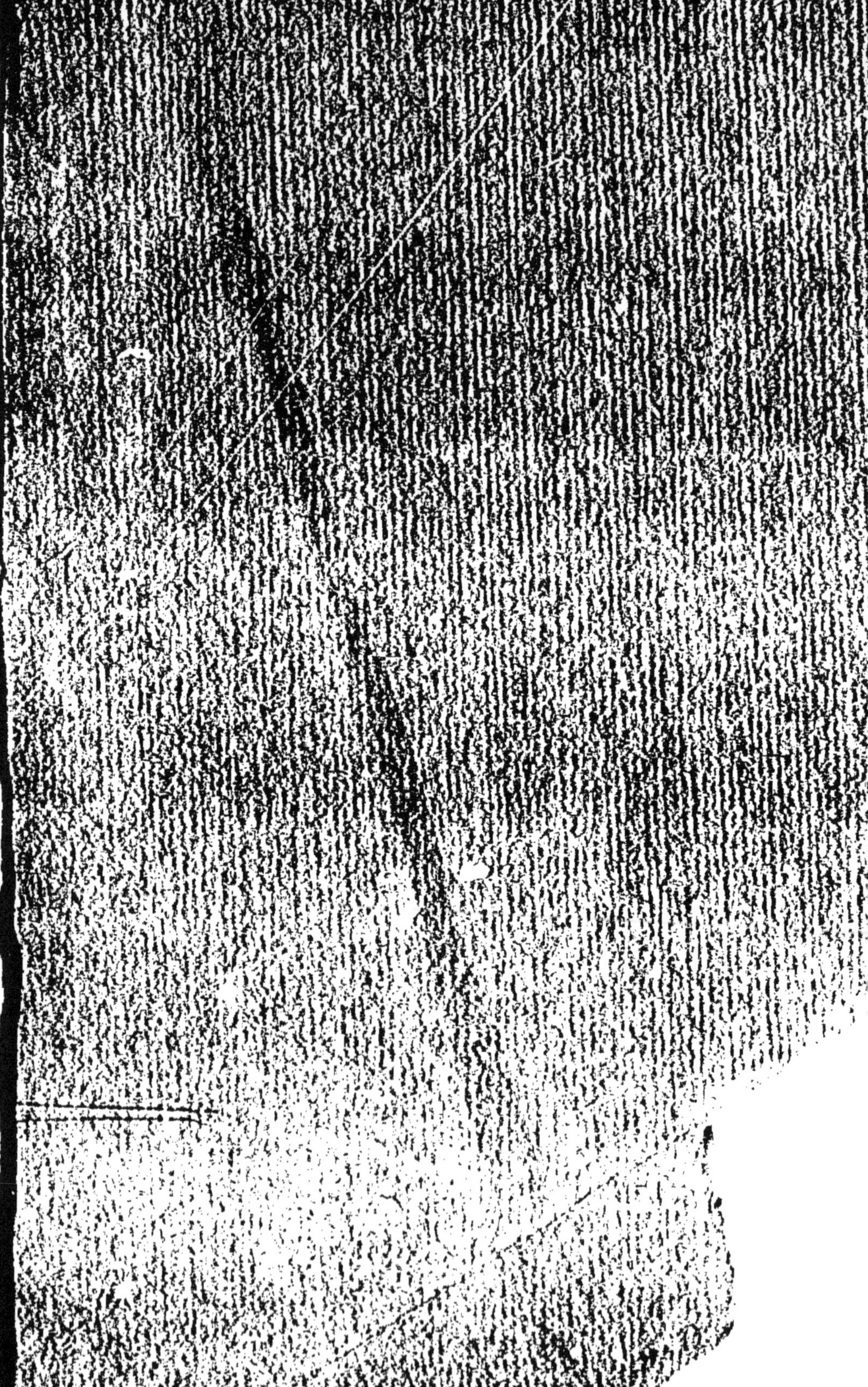

l'impossi...
et l'obligation
naître ou qu...
ments ne lui

www.ingramcontent.com/pod-product-compliance
Ingram Content Group UK Ltd.
Pitfield, Milton Keynes, MK11 3LW, UK
UKHW020327220726
13923UKWH00003B/1409

9 782016 156681